AF451919

APERÇUS

SUR

L'ART DE L'INGÉNIEUR MILITAIRE

APERÇUS

SUR

L'ART DE L'INGÉNIEUR MILITAIRE

A L'EXPOSITION UNIVERSELLE DE 1867

PAR

J. RICHARD

CAPITAINE DU GÉNIE

INSPECTEUR DES ÉTUDES A L'ÉCOLE POLYTECHNIQUE

(Extrait de la *Revue de Technologie militaire*)

SAINT-NICOLAS

(MEURTHE)

IMPRIMERIE DE PROSPER TRENEL

—

1868

INTRODUCTION

La guerre est de nos jours, plus qu'à aucune autre époque, une science qui utilise toutes les autres; aussi les conquêtes importantes du travail, faites sur la matière dans chaque branche des connaissances humaines, intéressent-elles plus ou moins directement l'art militaire.

On peut rappeler, à l'appui de cette assertion, les grands exemples contemporains des guerres de Crimée et d'Italie, où la marine à vapeur, les chemins de fer et la télégraphie électrique ont eu une influence marquée sur les succès de nos armées. Plus récemment, chez nos voisins allemands, n'a-t-on pas reconnu les avantages que donne sur les champs de bataille la supériorité dans les arts mécaniques et métallurgiques ?

Les Américains du Nord, avec l'initiative et l'esprit pratique qui les caractérisent, ne se sont pas laissé devancer par les peuples de la vieille Europe, dans l'emploi à l'armée des découvertes scientifiques ou industrielles. Pendant la guerre de la sécession, on les a vus utiliser avec avantage, à la suite de leurs états-majors, des imprimeurs, des mécaniciens, des employés des télégraphes, des photographes et des aéronautes.

Dans cet ordre d'idées, les expositions internationales doivent être assurément l'objet d'études sérieuses de la part des militaires. L'Exposition universelle de 1867 offre en particulier aux officiers des armes spéciales, un vaste champ d'observations du plus grand intérêt.

Nous n'entreprendrons pas ici la description de toutes les applications militaires de la science et de l'industrie, exposées au palais du Champ-de-Mars. Un pareil travail dépasserait le but que nous nous sommes proposé. Notre tâche sera plus restreinte : nous nous contenterons d'examiner rapidement quelques inventions relatives à l'art de l'ingénieur militaire. Nous les choisirons de préférence parmi celles qui ont été faites à l'étranger, car les progrès accomplis récemment en France sont généralement bien connus du lecteur et pourraient lui présenter peu d'intérêt.

APERÇUS

SUR

L'ART DE L'INGÉNIEUR MILITAIRE

A L'EXPOSITION UNIVERSELLE DE 1867

« Les plus ingénieuses, les plus bril-
« lantes inventions de la paix échouent
« misérablement dans la guerre, quand
« elles manquent de simplicité et quand la
« pratique ne les a pas conseillées. »

(*L'Armée française,* en 1867.)

§ I. — FORTIFICATIONS EN FER.

Les puissants effets de destruction, obtenus avec les pièces rayées de siége, sont connus depuis trop peu de temps pour que les ingénieurs militaires aient pu fixer complètement leurs idées sur les meilleurs moyens à opposer à ces nouveaux et redoutables effets de l'artillerie.

Des améliorations ont été apportées presque partout dans l'organisation des ouvrages de fortification ; on a dû soustraire les escarpes aux vues du dehors pour tenir compte de la possibilité de détruire de loin les maçonneries, et construire des abris voûtés pour protéger, contre les feux plongeants, les défenseurs, le matériel et les approvisionnements.

Dans certains pays, on a, en outre, songé à utiliser des défenses cuirassées, analogues à celles qui ont été adoptées avec succès pour les navires de guerre.

L'idée d'employer les métaux comme cuirasses dans la construction des forteresses, n'est pas nouvelle. En France, les généraux d'Arçon et Paixhans ont successivement proposé l'emploi de blocs en fer ou en fonte, pour rendre les murs indestructibles; mais c'est dans ces dernières années seulement que leurs idées théoriques sont devenues réalisables à la guerre, grâce aux progrès de la métallurgie du fer.

Une grave difficulté s'oppose, du reste, à la généralisation des fortifications en fer : leur prix de revient est très-élevé, et, par suite, souvent hors de proportion avec les services qu'elles sont appelées à rendre. On conçoit qu'on n'hésite pas à dépenser sept à huit millions pour cuirasser un navire de guerre. Son action peut s'étendre sur toutes les mers; sa mobilité lui permet de protéger les grands établissements et le littoral de toute une frontière maritime. Mais une pareille dépense consacrée à des armures immobilisées dans une place forte, ne doit être admise qu'avec une extrême réserve, par quiconque est soucieux d'employer judicieusement les deniers de l'État.

Le fer, en fortification, paraît donc devoir être utilisé exceptionnellement, ou plutôt même réservé exclusivement pour des engins qu'on puisse transporter, tels que coupoles, boucliers d'embrasure, etc. Ceux-ci, au moyen des chemins de fer, seraient rapidement amenés, en cas de besoin, sur les points menacés du territoire.

C'est l'Angleterre qui s'est préoccupée la première du cuirassement des escarpes. Elle achève cette année, à Plymouth et à Spithead, plusieurs forts de mer circulaires, d'environ 60 mètres de diamètre, consistant en un soubassement de gros blocs de granit revêtus de fer, et en un étage casematé dont les murailles en fer ont environ $0^m,38$ d'épaisseur. Au sommet de chaque fort, sont établies, en outre, des coupoles tournantes cuirassées, armées chacune de deux énormes canons.

Des essais relatifs à la résistance de ces défenses cuirassées, ont été faits par le Comité de Wolwich, qui a envoyé à l'Exposition universelle de 1867, une collection fort complète de photographies reproduisant les expériences faites à Shœburyness, de 1860 à la fin de 1866. On a représenté les installations avant le tir et l'état après le tir, d'un grand nombre de cuirasses de cibles d'essai, de boucliers d'embrasure et de masques en fer, destinés à garantir des têtes de casemates.

Nous nous contenterons de décrire les boucliers suivants, qui résument à peu près les différents systèmes essayés :

1° Bouclier en barres Thorneycroft, expérimenté en 1861 (fig. 1).

Ce bouclier est formé de barres en fer laminé de $0^m,25$ d'épaisseur et de $0^m,20$ de hauteur, assemblées à tenon et mortaise, et maintenues de distance en distance au moyen de fortes ancres verticales. Dans celles-ci sont ménagées des entailles à queue d'aronde, correspondant à des tenons placés à la partie postérieure de chaque barre. Des coins en fer A, chassés avec force, consolident l'ensemble.

Les ancres n'ont pu empêcher l'écartement des joints sous le choc des projectiles ; elles ont été remplacées, dans les dernières expériences, par des brides ou étriers embrassant tout le système (fig. 1 bis). Les étriers n'ont pas été non plus assez résistants ; le bouclier, à la distance de 180 mètres, a été disjoint par le tir d'un canon lisse (Armstrong) du calibre de 0^m,228, supérieur, il est vrai, à tout ce qu'on a vu jusqu'à ce jour dans les siéges.

Les essais ont porté sur des barres Thorneycroft, appliquées, soit contre du granit, soit contre des arcs-boutants en tôle. On n'a pas constaté de différence sensible dans les résultats.

Les boucliers Thorneycroft ont été adoptés en Russie pour plusieurs batteries du port de Cronstadt.

2° Masque d'embrasure du capitaine du génie Inglis, expérimenté en 1863 (fig. 2).

Ce masque se compose de planches croisées en fer laminé. Les planches extérieures, de 0^m,20 d'épaisseur, sont verticales. Les planches intérieures, de 0^m,12 d'épaisseur, sont horizontales et fixées aux premières par des boulons à écrou de 0^m,07 à 0^m,08 de diamètre. Aux extrémités du masque et près des bords de l'embrasure, se trouvent quatre montants en fer de $0^m,35$ de largeur et de $0^m,10$ d'épaisseur, réunis, en haut et en bas, par une planche de fer horizontale. Le tout est appuyé et fixé à deux arcs-boutants en fer forgé. De minces feuilles de plomb, de 2 à 3 millimètres d'épaisseur, séparent les planches verticales des planches horizontales.

Soumis au tir du canon Armstrong rayé de 12 tonnes (calibre de $0^m,27$) et du canon rayé de Withworth de 7 tonnes 1/2 (calibre de $0^m,175$), le masque Inglis n'a pas été perforé, mais quelques plaques ont été légèrement courbées et fendues, et plusieurs boulons ont été cassés.

Les madriers de fer du capitaine Inglis ont été employés pour le cuirassement de plusieurs forts de mer, à l'entrée de la rade de Spithead.

3° Bouclier Chalmers, expérimenté en 1863 et 1864 (fig. 3).

Ce bouclier a été exposé dans le pavillon de l'artillerie anglaise, affecté aux expositions particulières (classe 66-*a*). De plus, il était du nombre des cibles photographiées à Shœburyness et envoyées par le Comité de Woolwich.

En fer laminé comme les précédents, il en diffère par les grandes dimensions de ses plaques et par l'adjonction d'une matelassure intérieure en bois et fer. Le modèle exposé a $3^m,05$ de hauteur sur $4^m,07$ de largeur et se compose de trois plaques en fer de $0^m,095$ d'épaisseur, soutenues par des appuis horizontaux en forte tôle. Ceux-ci, d'une largeur de $0^m,273$ et d'une épaisseur de $0^m,022$, sont maintenus par des pièces horizontales en bois de teck. Derrière est une petite plaque de fer de $0^m,032$ d'épaisseur, matelassée au moyen de pièces de bois verticales de $0^m,095$ d'épaisseur, doublées elles-mêmes d'une plaque de tôle de $0^m,016$ d'épaisseur. A Shœburyness, tout le massif, au moyen de forts boulons, était relié à un cadre en fer à double T, boulonné dans le granit, qui était placé derrière la doublure B.

Les essais ont montré que la matelassure décrite ci-dessus, qui est très-rigide, augmentait remarquablement la résistance des plaques. Une cible Chalmers, essayée cette année à Vincennes, a résisté à un boulet anglais en acier, du calibre de $0^m,228$, tiré avec 20 kilog. de poudre. A Shœburyness, la cible Chalmers a été percée par un boulet Palliser en fonte durcie, de même calibre que le précédent, et tiré dans des conditions identiques. Ces résultats contradictoires montrent l'importance de la fabrication, soit pour les cuirasses, soit pour les projectiles qui doivent les frapper. Cependant, si l'on tient compte du peu d'épaisseur des plaques de la fig. 3, le bouclier Chalmers est certainement un des meilleurs imaginés jusqu'à ce jour. On croit pouvoir l'améliorer en faisant les soutiens horizontaux A en acier, au lieu de les faire en tôle.

4° Bouclier expérimenté en 1864, de J. Brown et Cⁱᵉ, pour ouvrages de fortification permanente (fig. 4).

Ce bouclier, en fer laminé de Sheffield, de $0^m,343$ d'épaisseur, diffère des précédents en ce qu'il est fait d'une seule plaque, sans aucune matelassure. Il a figuré à l'exposition de l'artillerie royale anglaise, tel qu'il a été retiré en 1865, d'une casemate de Shœburyness. Il porte les empreintes de 8 projectiles lancés à petite distance, auxquels il ne parait pas avoir bien résisté ; des fissures assez larges se sont produites de chaque côté de l'embrasure, à la suite des derniers coups tirés avec le canon Armstrong rayé de 12 tonnes. L'essai de ce bouclier massif et de très-forte épaisseur, a montré tout l'avantage de l'emploi des matelassures en bois.

5° Cible de l'**Hercules**, expérimentée en **1866** (fig. 5).

Un masque représentant la cuirasse de l'*Hercules*, navire commencé en Angleterre en 1865, a été essayé à Shœburyness l'année dernière. Au lieu d'être en fer laminé, comme dans les exemples précédents, la cuirasse se compose de plaques en fer forgé, renforcées par une matelassure en tôle et bois d'une grande épaisseur. Les plaques en fer forgé ont $0^m,229$ d'épaisseur pour la partie supérieure de la cible et $0^m,203$ pour la partie inférieure. Elles sont soutenues par des fers cornières A, alternativement doubles et simples, noyés dans un matelas de teck de $0^m,305$. Derrière se trouvent deux plaques de tôle de $0^m,019$ d'épaisseur chacune, soutenues elles-mêmes par des membrures en fer B, de $0^m,254$, noyées également dans le teck. Le tout est appuyé contre un double rang de pièces horizontales en bois de teck, d'une épaisseur totale de 0^m,458, que recouvre à l'intérieur une doublure formée par une plaque de tôle de 0^m,019. Enfin, des membrures en forte tôle, servent, en outre, d'arcs-boutants; elles sont analogues à celles de la fig. 2.

La cible de l'*Hercules* est celle qui, jusqu'à ce jour, a présenté la résistance la plus grande; pourtant des projectiles ont pu percer ses plaques et se loger dans le matelas. Une seule fois, tout le massif a été traversé par un boulet du calibre de 0^m,33, qui, il est vrai, avait frappé la plaque en un point affaibli par un coup précédent. Ce projectile, en fonte durcie et à tête ogivale, du poids de 262 kilog., avait été lancé à la distance de 640 mètres, avec une charge de 45 kilog. et demi, par un canon rayé, se chargeant par la bouche, pesant 23 tonnes.

6° Bouclier des tourelles du capitaine Coles (fig. 6).

De toutes les applications du fer à la défense des places, une des plus satisfaisantes jusqu'à ce jour paraît être la tourelle ou batterie tournante cuirassée, présentée par M. le capitaine Coles de la marine anglaise.

L'idée aussi simple qu'ingénieuse de faire mouvoir la pièce, la plate-forme et le bouclier par le même mécanisme tournant, a permis de réduire l'embrasure à une étroite ouverture, tout en laissant à la pièce un champ de tir latéral illimité. Elle a résolu heureusement le difficile problème, qui consistait à doter les batteries couvertes d'un champ de tir aussi étendu que celui des batteries à barbette, devenues insuffisantes dans un grand nombre de circonstances, par suite de la précision des feux de la nouvelle artillerie.

L'exposition anglaise (section 66, machines marines) a présenté un grand nombre de types de tourelles et de coupoles cuirassées, proposées pour les navires de guerre, par le capitaine Coles. Les modèles de coupoles, de cet inventeur, pour la défense des côtes et des places, ne diffèrent des modèles exposés, qu'en ce que le support de la plate-forme mobile est en maçonnerie. Aussi nous suffira-t-il de décrire deux des modèles marins : la tourelle du *Royal-Sovereign* et la tourelle construite cette année à Glascow, par M. R. Napier.

Le bouclier d'une tourelle Coles (modèle du *Royal-Sovereign*, fig. 6) se compose de plaques en fer forgé, analogues à celles de la cible de l'*Hercules* ; la matelassure en fer et bois est beaucoup moins épaisse que pour cette dernière. La tourelle est un cylindre cuirassé, d'environ 7 mètres de diamètre intérieur ; elle est destinée à protéger deux gros canons très-rapprochés et parallèles. Les parois du cylindre sont formées de plaques en fer forgé, d'une épaisseur de 0^m,15, derrière lesquelles sont des poutres verticales en bois de chêne ou de teck, de 0^m,23 d'épaisseur. Celles-ci sont soutenues par des fers d'angle A, de 0^m,21, encastrés dans des pièces de bois. De forts boulons traversent tout le massif et le rendent d'une grande rigidité. L'intérieur est doublé en forte tôle, de 0^m,02 d'épaisseur environ. Le massif ci-dessus résiste aux canons anglais du calibre de 0^m,228, mais il peut être perforé par des projectiles d'un calibre supérieur.

L'épaisseur de la cuirasse varie beaucoup dans les modèles exposés ; ainsi, tandis que les tourelles du *Royal-Sovereign* n'ont des plaques que de $0^m,15$ d'épaisseur, celles du *Monarch*, navire en construction, ont des plaques en fer forgé de $0^m,304$ d'épaisseur. Les tourelles de ce dernier navire, **qui sera un** des plus puissants de la marine anglaise, doivent être armées chacune de deux canons du calibre de $0^m,33$ et **du poids** de 23 tonnes.

L'appareil de rotation des **tourelles est analogue aux** plaques tournantes des chemins de fer. Il se compose (tourelle du *Royal-Sovereign*, fig. 8 et 9) d'une plate-forme mobile $r\,r$, de forme circulaire, reliée invariablement à des montants $a\,b$ en fers cornières, qui soutiennent la cuirasse supérieure ; vingt galets i en fonte supportent la plate-forme $r\,r$, qui est garnie sur son pourtour, d'une couronne de dents $e\,e$; tout le système peut être mis en mouvement par l'intermédiaire d'engrenages extérieurs fixes f. Les axes des galets i sont maintenus d'un côté par un cercle de fer $o\,o$, et de l'autre côté, à l'intérieur, par un noyau en fonte qui porte un second appareil de galets i', semblable au premier. Au centre du noyau en fonte est un axe fixe $c\,d$, creux et en fer forgé, qui sert à maintenir la tourelle et sur lequel s'emmanche tout l'appareil de rotation.

La cuirasse de la tourelle descend un peu au-dessous

du pont *h k*, ou du parapet, dans le cas des places fortes ;
le pourtour du trou percé dans celui-ci est garni d'un
cuir ou d'un caoutchouc *h h*, qui, sans gêner le mouvement, empêche que la tour ne soit *coincée* par la chute
des débris. De puissants ventilateurs, mis en communication avec l'axe creux *c d*, chassent rapidement la fumée
produite par chaque détonation.

La tourelle Coles, construite par M. Napier (fig. 10),
qui ne diffère pas de la précédente, quant au profil du
bouclier (fig. 6), paraît présenter les derniers perfectionnements adoptés en Angleterre. La plate-forme tournante
r r, porte dans des encastrements les galets *i i*, qui
roulent sur un cylindre cuirassé fixe, d'un diamètre
moindre que celui de la tourelle. Le bord inférieur de
celle-ci recouvre et protége les galets, ainsi qu'un espace annulaire A, qui facilite la ventilation et sert de
passage aux servants, aux munitions et même à l'artillerie. *h k* est le niveau du pont, dans le cas de tourelles
marines, ou le niveau du parapet, dans le cas de coupoles de place.

La manœuvre exige environ une minute pour un tour
complet d'horizon ; elle se fait au moyen de quatre
hommes qui agissent, soit sur des engrenages extérieurs
fixes, comme dans la fig. 9, soit sur deux manivelles
intérieures placées aux extrémités d'un même diamètre
perpendiculaire à la direction des bouches à feu. Dans
ce dernier cas, le mouvement est transmis par l'intermédiaire de pignons qui vont s'engrener sur une roue fixe.

à dents intérieures, placée sur les côtés ou au-dessous de la tourelle. Un arbre vertical *c* supporte la plate-forme, avec laquelle il fait corps ; son pied *c'* tourne dans une semelle fixe *s s*. Un mécanisme de réserve est placé vers la partie inférieure de l'arbre *c*, qui, à cet effet, porte un plateau circulaire *a a*, relié par des arcs-boutants *b*, à la plate-forme de la tourelle. *e e* est un plateau circulaire denté, fixe, sur lequel vient s'engrener intérieurement un pignon *o*, porté par un arbre *d*. Cet arbre, dont le support *g* est fixé invariablement au plateau *a a*, porte une roue dentée, que mène un petit pignon *f*, porté par l'arbre moteur. La force motrice est fournie, soit par une presse hydraulique installée sur le plateau *a a*, soit par une petite machine à vapeur, soit simplement par des hommes. On peut, grâce au mécanisme de réserve, manœuvrer la plate-forme mobile, même dans le cas où les mécanismes supérieurs ne peuvent plus fonctionner.

Les deux embrasures, ménagées dans la tourelle, n'ont que $0^m,60$ de largeur, juste ce qu'il faut pour laisser passer la volée des pièces ; leur hauteur est de $1^m,00$, pour qu'on puisse donner à celles-ci l'angle d'élévation dont on a besoin. Dans le *Prince-Albert*, garde-côtes à tourelles Coles, construit en 1866, ces dimensions d'embrasure permettent aux canons Armstrong, de 12 tonnes anglaises, un pointage de 14° au-dessus de l'horizon et de 4° au-dessous.

Les faibles dimensions des embrasures et le peu de hauteur de la tourelle qui, à l'intérieur, n'a guère que

2 à 3 mètres entre la plate-forme et le plafond, ne permettent pas de pointer les pièces à la manière ordinaire.
Voici comment cette difficulté a été heureusement vaincue
par le capitaine Coles :

Entre les deux affûts, il a ménagé, dans le toit de la
tourelle, une ouverture par laquelle le pointeur peut
passer la tête ; celui-ci est garanti dans cette position par
un petit masque ou par une calotte métallique à rainure *g*
(fig. 8). Au moyen de deux repères indiquant le plan
médian des deux pièces, il peut leur communiquer
le feu, juste au moment où le plan de mire passe par
l'objet à battre. Le tir est ainsi très-exact en direction,
même contre un but mobile, puisque le pointeur ne
quitte pas de l'œil le plan de mire jusqu'au moment où il
met lui-même le feu aux pièces. En hauteur, le pointage
a lieu à la manière ordinaire, c'est-à-dire d'après l'esti-
mation de la distance au but.

Le toit des tourelles exposées se compose d'un gril-
lage en fers cornières. Dans le cas de coupoles destinées
aux places fortes, il est beaucoup plus résistant et à
l'épreuve de la bombe. Une plaque d'environ 0^m,10 d'é-
paisseur est alors nécessaire ; mais, en revanche, les parois n'ont plus besoin d'être aussi épaisses que dans la
plupart des modèles de la marine.

D'après les dernières expériences faites en Angleterre,
il suffit, pour rendre invulnérables les coupoles destinées
aux défenses de terre, d'adopter pour leurs murailles le
massif des fig. 3 ou 6, c'est-à-dire des plaques en fer

forgé de 0^m,10 à 0^m,15 d'épaisseur, consolidées au moyen
d'une matelassure en bois et fers d'angle de 0^m,40 à
0^m,50 d'épaisseur. On a reconnu que des cuirasses de
cette espèce résistent aux canons de 12 tonnes anglaises
(12,192 kilog.), du calibre de 9 pouces (0^m,228), qui, à
cause de leur poids, sont regardés comme les plus puissants qu'on puisse mettre en batterie devant une place
assiégée. Toutefois, dans le cas de fronts de mer ou de
batteries de côte, les coupoles de la défense devront être
aussi résistantes que celles des navires.

Une coupole de place, pour deux pièces, ayant la forme
d'un cylindre de 24 pieds (7^m,32) de diamètre intérieur,
pèse environ 120 tonnes anglaises (122,000 kilog.), quand
elle est cuirassée au moyen de plaques en fer forgé de
0^m,15 d'épaisseur. Elle coûte près de 150,000 francs,
avec la tour creuse en maçonnerie, qui renferme les
mécanismes de manœuvre. Le poids et le prix de revient
seraient réduits de moitié, si l'on se contentait d'un
diamètre de 5 à 6 mètres et de plaques de 0^m,10 d'é-
paisseur, ce qui paraît suffisant dans la plupart des circonstances.

Les batteries tournantes cuirassées, par suite de leur
champ de tir étendu, seront placées avantageusement aux
saillants de la fortification, dans les ouvrages détachés
et dans les forts d'un camp retranché. Elles seront sub-
stituées aux batteries à barbette, dont le tir à ciel ouvert
ne serait plus possible. C'est dans ces conditions qu'on
les a employées à Anvers et qu'il est question, dit-on, de

les utiliser à Mayence, et dans les tours maximiliennes du camp retranché de Lintz. Les coupoles peuvent aussi être très-utiles pour la défense des ports et des côtes, par suite de leur tir très-exact contre un but mobile. En Angleterre et en Russie, on les a employées dans des batteries de côte et des forts de mer, notamment à Plymouth, à Spithead et à Cronstadt.

On a attribué aux coupoles d'une part, les avantages suivants, pour la défense des places :

1° Champ de tir illimité ;

2° Manœuvre rapide des plus grosses pièces ;

3° Protection efficace des servants et du matériel ;

4° Indestructibilité par le feu de l'artillerie.

D'autre part, on leur a reproché de présenter l'inconvénient :

1° De permettre difficilement le remplacement du matériel ;

2° De s'enfumer rapidement ;

3° D'avoir leurs mécanismes dérangés et leurs servants hors de combat, par le seul effet du choc des projectiles.

Le capitaine Coles a répondu aux deux premières objections en ménageant, entre la coupole et la tour fixe, un espace annulaire A (fig. 10), par lequel le remplacement du matériel et la ventilation se font avec facilité. L'expérience a démontré que la fumée gênait moins que dans les casemates, surtout quand on emploie des ventilateurs. On sait, d'ailleurs, que les pièces se chargeant par la culasse donnent peu de fumée à l'intérieur des casemates.

La dernière objection a été surtout amenée par certains faits qui se sont produits pendant la guerre d'Amérique, à l'attaque des défenses de mer de Charleston particulièrement.

Les Américains, à cette époque, manœuvraient leurs tourelles au moyen de machines à vapeur et de mécanismes ingénieux sans doute, mais qui exigeaient tant d'axes, de leviers, de guides et d'engrenages, qu'une avarie était toujours à craindre. Il n'en est plus ainsi pour les coupoles Coles, qui présentent plusieurs systèmes moteurs indépendants, tous susceptibles d'être manœuvrés à bras.

En outre, dans les Monitors américains, l'intervalle laissé autour de la coupole n'était pas suffisant ; par suite, les débris en tombant pouvaient arrêter la rotation. Les cuirasses n'étaient pas pourvues de matelas en bois ; aussi le choc des projectiles détachait souvent des boulons et les lançait comme de la mitraille à l'intérieur, en même temps que l'ébranlement produit renversait les servants.

Des expériences nombreuses ont montré que les dernières tourelles du capitaine Coles surmontaient victorieusement les difficultés que nous venons de signaler. Nous nous contenterons de rapporter les expériences les plus récentes.

En 1864, pendant la guerre entre le Danemark et la

Prusse, le navire danois *Rolf-Krake* a reçu un grand nombre de boulets dans ses tourelles, qui n'ont pas cessé un instant de bien fonctionner. La ventilation a toujours paru suffisante et les commotions n'ont nullement incommodé les servants.

En 1866, au large de Spithead, un essai concluant a été fait sur une tourelle du *Royal-Sovereign*. Un canon de 0^m,228, lançant un projectile de 113 kilog. par un tir à outrance et à petite portée, est parvenu à percer la cuirasse d'une des tourelles, sans que les mécanismes aient été dérangés ; après chaque coup, on s'assurait que la manœuvre tournante était possible.

Nous terminerons là l'examen des fortifications en fer envoyées par l'Angleterre à l'Exposition universelle. Toutefois, comme certains faits constatés à Shœburyness ne sont pas indiqués dans le petit nombre d'exemples que nous avons choisis, nous compléterons ce sujet, en résumant rapidement ceux des résultats obtenus qui intéressent plus particulièrement les défenses cuirassées de place.

1º Pour les boucliers, le fer est préférable jusqu'à présent à la fonte et à l'acier, qui en grande masse sont cassants. Les fers de provenances différentes ont des résistances très-inégales, et si, d'une manière générale, on peut dire que le fer au bois vaut mieux que le fer à la houille, il n'en reste pas moins une grande incertitude, que l'expérience seule peut lever dans chaque cas particulier.

Le fer doux, forgé en plaques, est le plus résistant ; mais son prix de revient est très-élevé (environ 1 franc le kilog.). Le fer laminé présente de grands avantages sur le précédent, au point de vue de la dépense, surtout quand on l'emploie en plaques minces ou en barres. Sa résistance est, d'ailleurs, peu inférieure à celle du fer forgé ; il paraît donc préférable pour les usages de la fortification. Sur mer, en effet, il est indispensable d'atteindre une résistance déterminée avec la cuirasse la moins lourde ; mais à terre, cette condition est moins importante et il vaut mieux arriver au résultat économiquement.

2º A même épaisseur, les plus grandes plaques présentent le plus de résistance. Par suite, il est avantageux d'employer une seule plaque pour un bouclier d'embrasure. On évite, en outre, l'affaiblissement produit par les joints et les trous des boulons.

3º Une cuirasse offre une résistance plus grande, quand en épaisseur, au lieu d'être formée de plusieurs plaques minces superposées, elle se compose d'une plaque unique.

Nous citerons, à l'appui de ce fait, une plaque de $0^m,102$ d'épaisseur, qui a résisté dans les conditions où a été percée une cuirasse de $0^m,152$ d'épaisseur, formée par la superposition de dix lames de tôle.

4º La résistance des cuirasses est augmentée par une matelassure en fer et en bois, surtout, quand celle-ci est très-rigide. Les vis à bois valent mieux que les boulons.

A cet effet, il parait convenable de combiner le bois avec des membrures horizontales en forte tôle, ou avec des fers d'angle, comme le montrent les profils du bouclier Chalmers (fig. 3), de la cible de l'*Hercules* (fig. 5) et de la tourelle Coles (fig. 6).

L'épaisseur de la matelassure, dans les circonstances ordinaires, varie de $0^m,40$ à $0^m,50$.

5° Une doublure en tôle est d'un emploi avantageux.

L'appui est alors plus compacte, arrête mieux les éclats et amortit plus complètement les commotions produites par le choc des projectiles.

6° L'obliquité des boucliers, par rapport aux chocs des projectiles, diminue la puissance de perforation de ces derniers.

Dans le cas particulier d'une plaque massive en fer forgé (fig. 7), le rapport du choc oblique O au choc normal N est égal au sinus de l'angle d'incidence α, $\frac{O}{N} = \sin \alpha$, tant qu'on n'atteint pas l'angle limite où le ricochet commence ; en d'autres termes, une plaque A inclinée d'un angle α sur l'horizon et d'épaisseur e', résiste autant aux coups tirés de plein fouet qu'une plaque verticale B d'épaisseur e, quand on a $e' = e \sin \alpha$.

Ce résultat est tout en faveur des coupoles qui, par suite de leur forme courbe, ne sont que très-rarement frappées normalement.

A première vue, ce résultat peut aussi paraître favorable aux boucliers en talus proposés par le général

Cavalli, et aux premières coupoles Coles, qui, au lieu d'être cylindriques , étaient tronconiques ; toutefois , outre l'inconvénient de faire perdre beaucoup de place à l'intérieur d'un abri cuirassé, des parois inclinées exigent tout autant de métal que des parois verticales pour abriter un objet de hauteur donnée ; car, si pour résister autant que la plaque B (fig. 7), la plaque A n'a qu'une épaisseur $e' = e \sin \alpha$, d'un autre côté sa longueur $h' = \dfrac{h}{\sin \alpha}$ et l'on a toujours $e' h' = e h$.

Toutes les puissances, à l'exemple de l'Angleterre, s'occupent de l'emploi des coupoles et des abris cuirassés pour la défense des places. En France, la Marine impériale a exposé des tourelles cuirassées fixes, destinées à protéger une plate-forme mobile qui supporte une pièce de gros calibre. Cette disposition présente, sur les tourelles Coles, l'avantage de diminuer considérablement le poids à faire mouvoir. Le tir de la pièce s'effectue à barbette, comme dans le type du navire cuirassé *Marengo* (classe 66, Marine impériale). La plate-forme mobile peut, d'ailleurs, porter un petit bouclier qui tourne avec le canon et protége les servants d'une manière suffisante.

L'exposition militaire autrichienne a présenté deux modèles en relief d'abris cuirassés, du système de M. le colonel du génie de Scholl.

Le premier est un abri cuirassé tournant, pour un canon (fig. 11). Il a la forme d'un cylindre de 6 mètres de diamètre environ, surmonté d'une calotte hémisphérique. Le mouvement est transmis au moyen de galets et d'engrenages établis dans une chambre de manœuvre, située au-dessous de la coupole. La forme de l'embrasure est assez originale : on sait combien il est important de réduire une embrasure le plus possible, maintenant que le tir de l'artillerie est devenu si précis ; il faut pourtant qu'on puisse pointer en direction et en hauteur. Le colonel de Scholl obtient le pointage en direction au moyen du mouvement même de rotation de la plate-forme ; il fait varier l'élévation de la bouche de la pièce sans augmenter les dimensions de l'embrasure, en rendant celle-ci mobile. A cet effet, la coupole porte une ouverture oblique ab, derrière laquelle se meut une seconde ouverture oblique cd, ménagée dans une coupole intérieure, ou mieux dans un bouclier courbe mn, que maintiennent deux guides mm', nn'. La bouche du canon est inscrite dans le rectangle vide formé par la rencontre des deux ouvertures ; les positions extrêmes $c'a$ et bd' limitent le tir de la pièce au-dessus et au-dessous de l'horizon.

L'autre modèle en relief, exposé par le colonel de Scholl, représente un abri fixe cuirassé pour une pièce. Il est de forme allongée suivant l'axe de la pièce et a pour section transversale une ogive. L'embrasure très-étroite et de peu de hauteur ne fournit qu'un champ de tir très-restreint.

La Prusse a exposé (classe 63) des modèles d'abris cuirassés et de casemates en métal Grüson, provenant de la fonderie de Buckaü, près de Magdebourg. Ce métal paraît présenter quelque analogie avec la fonte trempée du major anglais Palliser. C'est une fonte durcie et flexible, offrant à la fois le bon marché du fer ou de la fonte et la résistance de l'acier, sans être cassante comme ce dernier. Elle paraît susceptible de remplacer le fer et l'acier dans les circonstances où ces métaux sont soumis aux chocs et à la compression ; tel est le cas des projectiles de l'artillerie, des plaques de navire et des cuirasses de place forte.

Voici les renseignements qu'on a pu recueillir sur le métal Grüson : on emploie pour l'obtenir des fontes au charbon de bois de diverses provenances, dans des proportions déterminées par l'expérience ; on fait un alliage de ces substances en opérant une seconde fusion par un procédé qui probablement décarbure en partie le métal, surtout à la surface. Celle-ci est de plus durcie, tout en restant exempte de tension, par suite d'un mode particulier de coulage dans des moules métalliques, analogue sans doute au mode de coulage en coquille connu depuis longtemps.

Un des modèles exposés représente en relief, à l'échelle de 1/5, un abri cuirassé pour une pièce de place de gros calibre. Cette cuirasse (fig. 12), coulée d'un seul bloc, a la forme d'une portion d'ellipsoïde, dans lequel la pièce est placée suivant le grand axe. L'embrasure B a juste les dimensions nécessaires pour le passage de la bouche du canon. Celle-ci, par suite de dispositions ingénieuses, reste dans une position invariable. A cet effet, la cuirasse et le canon sont portés par un châssis mobile autour d'un pivot fixe A, placé au-dessous de la tranche de la bouche, c'est un système analogue au tisoir directeur de nos batteries de côtes. On obtient ainsi l'invariabilité de l'embrasure dans le pointage en direction. Pour obtenir le même résultat, quel que soit le pointage en hauteur, on fait varier l'élévation de l'axe des tourillons de la pièce, au moyen d'une petite pompe de compression qui se manœuvre à l'intérieur de l'abri cuirassé.

Un autre modèle exposé représente en relief, à l'échelle de 1/10, une traverse casematée ou réduit d'ouvrage extérieur (fig. 13). Les parois, à l'épreuve seulement de la balle et de la mitraille, sont formées de plaques courbes en métal Grüson de 0ᵐ,05 à 0ᵐ,06 d'épaisseur, assemblées au moyen de boulons qui s'engagent dans des nervures *n*. Le ciel, couvert d'une couche de béton et de terre, est sapporté par des colonnes creuses en fonte A. Celles-ci sont utilisées pour la ventilation et sont prolongées par des tuyaux B pour le dégagement de la fumée. Des ouvertures *o* servent de créneaux pour la fusillade.

Des casemates du même genre, mais plus résistantes, sont à l'étude, en Prusse, pour rendre indestructibles par le canon les caponnières des fronts polygonaux. Les expériences faites à ce sujet jusqu'à ce jour, sont, à ce qu'il paraît, satisfaisantes ; mais le mode d'attache des plaques Grüson à la maçonnerie ou au béton qui doivent leur servir de matelas, n'est pas encore arrêté.

La France, la Prusse, la Russie et l'Italie ont essayé avec succès, pour les pièces marines, les projectiles en métal Grüson. La puissance de perforation de ceux-ci est très-grande, supérieure même à celle des projectiles Palliser, d'après les expériences qui viennent d'être faites a la Spezzia.

M. Grüson a obtenu une commande de boulets pour la Marine française, au prix de 760 francs les 1000 kilog., à la suite d'essais faits à Gavres. Le métal Grüson pour cuirasses et boucliers pourrait être livré à meilleur compte (à 600 fr. environ), et, par suite, être employé avantageusement en fortification.

Pour donner une idée de la résistance de ce métal et de sa flexibilité, qui sont connues depuis longtemps en Allemagne où il est employé pour des roues et des pièces de croisements de rails, nous rapporterons les essais suivants :

On a comparé 3 barres de 1 mètre de longueur et de 26 millimètres carrés de section, en fonte, en fer et en métal Grüson. Pour cela, on les a posées librement sur deux appuis et on les a chargées dans leur milieu.

La barre en fonte ordinaire a supporté 350 kilog., puis a fléchi et s'est rompue.

La barre en fer a supporté aussi 350 kilog., puis a gardé une flexion permanente, sans se rompre.

La barre en métal Grüson a supporté 625 kilog. avant de se rompre, ce qui dépasse la résistance d'un fer ordinaire. Elle avait fléchi avant de supporter cette charge, mais sans se déformer.

En terminant ce qui est relatif aux fortifications en fer,
il n'est pas inutile de remarquer qu'elles n'ont été employées jusqu'à ce jour par les puissances étrangères
que dans des circonstances toutes spéciales, comme à
Spithead , à Cronstadt et à Anvers.

Pour porter un jugement sur l'emploi du fer en fortification, il faut bien distinguer les circonstances dans
lesquelles il est appelé à résister aux monstrueux engins
de la marine, des circonstances où il n'est opposé qu'aux
canons de siége de l'artillerie de terre. Dans ce dernier
cas, de beaucoup le plus fréquent, on suivrait, selon
nous, une voie fâcheuse, si l'on adoptait en principe des
murailles métalliques, dont l'utilité est contestable et qui
sont immobilisées forcément par leur grande masse.

Le budget du pays le plus riche ne pourrait suffire aux
dépenses qu'entrainerait l'adoption générale d'un pareil
système. Tout au plus pourrait-on l'expliquer de la part
d'un État comme la Belgique, dont toutes les ressources
défensives sont concentrées dans une seule place forte.

Il est possible, croyons-nous, de faire accepter les sa-
crifices pécuniaires qu'exige l'emploi du fer pour la fortification, en rendant les engins cuirassés susceptibles
d'être transportés, en les mobilisant pour ainsi dire.
Grâce au réseau des chemins de fer, ces engins, tels que
coupoles et boucliers d'embrasure, seraient dirigés en
cas de besoin sur les forteresses des frontières mena-
cées. Ils pourraient de plus être utilisés dans chaque
place forte au moyen d'un petit chemin de fer de cein-

ture, par exemple, sur les fronts de fortification attaqués, et peut-être même d'une manière successive, aux diverses périodes de la défense.

En résumé, au double point de vue de l'économie et de l'effet utile, le progrès, en ce qui concerne les défenses cuirassées de place, consiste, selon nous, dans l'emploi d'engins mobiles.

§ II. BÉTONS AGGLOMÉRÉS.

Les matériaux artificiels s'emploient depuis longtemps pour mouler des constructions de toutes pièces ; mais les principales tentatives faites pour généraliser leur usage et les substituer à la pierre de taille, sont dues, dans ces dernières années, à M. François Coignet.

Cet inventeur a exposé (classe 65. — France) une maison monolithe en béton aggloméré, ainsi que des dalles, corniches, auges, abreuvoirs, etc., en pierres factices. Il a, en outre, été chargé de la construction des égouts, canaux et dallages du palais de l'Exposition.

M. Coignet propose de faire des fortifications en bétons agglomérés. Selon lui, des escarpes et des casemates monolithes, construites avec sa pâte de pierre qui supprime tous les joints, présenteraient une grande résistance à l'artillerie. Il serait très-intéressant, pour l'art de l'ingénieur militaire, d'être fixé sur ce point, de connaître sur les pierres factices les effets de chocs répétés, de savoir enfin si les constructions monolithes sont, au point de vue militaire, aussi avantageuses qu'on est tenté de le croire *à priori*.

Quoi qu'il en soit, le béton aggloméré se recommande au point de vue de l'économie, surtout dans les régions pauvres en pierres de taille. Il ne coûte environ que 40 francs le mètre cube, se confectionne sur place avec des éléments que l'on peut se procurer partout, et supprime ainsi le transport souvent si onéreux ; de plus, se modelant suivant les formes les plus compliquées, il fait disparaître la dépense résultant des parements vus et des tailles de sujétion.

Voici, au sujet de la confection du béton aggloméré, les renseignements fournis par l'inventeur :

Pour une partie de chaux hydraulique, on emploie généralement 1/2 partie de ciment de Portland et de cinq à sept parties de sable ou de gravier. La chaux et le ciment, réduits en poudre fine, sont mélangés au sable aussi intimement que possible. Pour cela, le bras de l'homme étant insuffisant, les éléments sont triturés et comprimés dans des appareils broyeurs spéciaux. La quantité d'eau employée est très-faible ; elle n'est guère que le tiers de celle qu'on emploierait pour un mortier ordinaire.

Les appareils broyeurs ont été exposés près de la maison monolithe ; chacun d'eux se compose (fig. 14) d'un cylindre vertical métallique, dans lequel tourne un axe A muni de bras courbes B. Ces puissantes machines permettent d'opérer complètement le mélange des matières.

En employant un seul cheval comme force motrice, elles donnent, par heure, environ un mètre cube de béton, qui a été malaxé deux fois. La pâte est ordinairement grenue ; on l'introduit dans des moules ayant la forme de l'objet qu'on veut produire ; on l'étale par couches horizontales successives de un à deux centimètres d'épaisseur et pilonnées avec soin. La matière ainsi préparée produit, au bout de peu de temps, un béton aggloméré, présentant une cohésion très-remarquable ; l'inventeur paraît l'attribuer à un système particulier de cristallisation, résultant de la compression et de la petite quantité d'eau employée. Sans recourir à cette explication, il suffit peut-être de remarquer que, pour les mortiers ordinaires, l'eau est employée en excès ; elle délaie ou dissout une partie de la chaux et laisse, en s'évaporant, des vides qui rendent le mortier friable et poreux, par suite, peu résistant et susceptible d'absorber l'humidité. Ces inconvénients n'existent plus dans le système de confection du béton aggloméré.

Pour activer la prise du béton, M. Coignet a essayé de chauffer pendant le broyage et d'agglomérer la masse, quand elle est encore chaude ; il a obtenu ainsi rapidement un béton plus dur que celui qu'il obtenait en opérant à la température ordinaire.

Des essais officiels des bétons agglomérés ont été faits, en 1864, au Conservatoire des arts et métiers, par M. Michelot, ingénieur en chef des ponts et chaussées. Ils ont prouvé que la force portante des bétons agglomérés at-

teint et dépasse même, dans certains cas, celle des pierres de taille dures. La résistance a, en effet, varié entre
200 et 500 kilogrammes par centimètre carré, suivant
la nature et les proportions des éléments.

Il nous a été donné de constater que le béton aggloméré présentait une cohésion remarquable. Des expériences de pétardement, faites comparativement sur des
blocs de cette pierre factice et des blocs semblables en
pierres de taille, ont montré :

1° Que la résistance du béton aggloméré à la rupture
par le pétardement, est comparable à celle d'une pierre
de taille d'une dureté moyenne (calcaire coquillier des
environs de Paris) ;

2° Qu'elle augmente rapidement avec l'âge du béton,
de sorte qu'il n'y a plus de différence sensible entre la
cohésion d'un béton de quatre mois et celle d'un béton
d'un an ;

3° Qu'elle est plus grande, quand l'axe du pétard est
placé perpendiculairement aux couches de confection,
que lorsqu'il est placé parallèlement à ces couches.
Ce dernier résultat est analogue à ce qui se produit
quelquefois pour les lits de carrière des pierres de
taille.

Des murs de revêtement en béton aggloméré, nécessai-
sairement construits par couches horizontales, ne présenteraient pas, d'après cela, toute la résistance dont ils
sont susceptibles à des projectiles tirés de plein fouet.
Ceux-ci, en effet, pénétreraient à peu près parallèlement

aux couches de confection, pour éclater dans des conditions analogues à celles qui ont été reconnues les moins favorables à la résistance.

Pour les voûtes surbaissées de casemate, les couches de confection étant horizontales ou parallèles à l'intrados, le béton aggloméré se présenterait, au contraire, dans les meilleures conditions pour résister au tir vertical. Il faut, toutefois, observer que, dans ce dernier cas, les terres qui recouvrent les casemates modifient d'une manière notable les conditions des expériences.

M. Coignet est aussi l'inventeur d'un béton aggloméré relié par des fils de fer, confectionné spécialement pour les constructions militaires. Ce béton ne diffère de celui dont nous avons parlé plus haut, qu'en ce qu'il contient environ quarante kilogrammes de fils de fer par mètre cube. Ce fer, noyé dans le béton, ne paraît pas accroître la résistance, tandis qu'il augmente sensiblement le prix de revient.

Une autre modification plus heureuse du béton aggloméré consiste à le transformer en pisé aggloméré. On le fabrique alors avec de la chaux, du gravier et de la terre argileuse crue, et on obtient des constructions monolithes très-économiques, qui résistent mieux à l'action de l'eau que le pisé ordinaire. Elles paraissent susceptibles d'être employées avantageusement dans certaines parties de la fortification, pour des revêtements de talus intérieur, par exemple.

§ III. — SAPES. — PONTS MILITAIRES. — MINES.

Les engins de l'Exposition relatifs aux sapes, aux ponts militaires et aux mines, sans présenter des progrès bien marquants, méritent, cependant, d'attirer l'attention des militaires ; nous décrirons succinctement quelques-uns de ceux qu'il nous a été donné d'examiner.

Gabions et ponts en bandes de tôle.

Dans le pavillon consacré à l'exposition militaire anglaise, M. Jones, officier de casernement (Barrack department), a exposé des spécimens de gabions et de ponts militaires adoptés dans l'armée britannique. Ils sont construits au moyen de bandes en tôle galvanisée (fig. 15) d'environ $0^m,001$ d'épaisseur , $0^m,075$ de largeur et 2 mètres de longueur. Chaque bande porte à une extrémité deux boutons métalliques B, et à l'autre extrémité deux boutonnières A , qui permettent de les agrafer bout à bout. Le treillage qu'on peut former avec ces bandes de tôle et des lattes minces en bois , sert à faire des claies , des gabions ordinaires ou farcis , des toitures de baraque et des ponts d'avant-garde.

Le gabion ordinaire a $0^m,80$ de hauteur et $0^m,65$ de diamètre ; il se compose de dix bandes de tôle clayonnées autour de douze piquets en lattes de sapin d'environ 1 mètre de hauteur, $0^m,04$ de largeur et $0^m,01$ d'épaisseur. Son poids est de $13^k,500$; deux hommes exercés mettent cinq minutes à le monter.

Ce système, qui exige le transport des éléments du gabion et qui est très-cher, n'est admissible que dans les rares circonstances, où on ne peut se procurer sur place des bois de fascinage. D'un autre côté, il est fort probable que les éclats des gabions métalliques, produits par le tir de l'artillerie, seraient plus dangereux que les éclats des gabions ordinaires.

Le pont d'avant-garde, pour le passage de l'infanterie, est formé au moyen de 546 bandes de tôle, disposées en 26 travées. Il exige 666 lattes d'environ 3 mètres, 1040 boulons et écrous en fer et 1040 clameaux et rondelles. Sa longueur est de 30^m,48, sa largeur de 2^m,24 ; il fléchit de 2^m,95. Ce pont est très-léger ; il ne pèse que 789 kilogrammes environ, et il n'est rompu que sous une charge de 13715 kilogrammes, soit d'environ 200 kilogrammes par mètre carré.

Deux sous-officiers et 32 hommes exercés mettent sept heures à le construire ; cette vitesse de construction paraît insuffisante pour un pont destiné à faire passer une avant-garde sur la rive ennemie.

Le pont en bandes de tôle, comme les ponts de cordages, peut se construire sur la rive amie et être transporté ensuite en place au moyen de cinquenelles et de palans ; on peut encore le construire sur place au moyen de cinquenelles et de bandes de tôle tendues d'une rive à l'autre, parallèlement à l'axe du pont projeté ; afin de diminuer autant que possible les oscillations dangereuses qui se produisent lors du passage des troupes, on fixe aux deux rives plusieurs cordages formant croisières et on place un garde-fou en cordes de chaque côté du pont ; de plus, on amarre aux cinquenelles les petites poutrelles de guindage qui maintiennent les bords du treillage en bandes de tôle.

Des vues photographiées exposées, ont permis de suivre en détail les diverses opérations telles qu'elles sont pratiquées sur le polygone du génie de Chatam.

Pour le passage de l'artillerie de campagne, le pont en bandes de tôle est construit plus solidement. Il exige alors 672 bandes de tôle, disposées en 8 travées, comprenant chacune 21 bandes en largeur et 4 en épaisseur. Dans ce cas, le tablier n'est plus formé comme précédemment d'un simple treillage, mais il comprend, en outre, un plancher en madriers. La longueur du pont reste la même, mais sa largeur est portée à 2^m,44. Il fléchit de 1^m,295 ; le poids total est de 2298 kilogrammes et la rupture n'a lieu que sous une charge de 19300 kilogrammes.

En somme, les ponts en bandes de tôle, surtout ce dernier, nous paraissent inférieurs aux ponts improvisés, aux ponts autrichiens à la Birago et aux ponts américains en caoutchouc que nous allons décrire ; cependant, on pourrait peut-être combiner leur tablier en treillage avec des supports fixes ou flottants, qui réduiraient considérablement la portée et, par suite, la flexion et le balancement qui sont des inconvénients inhérents au système anglais.

Ponts flottants en caoutchouc.

M. Perry (États-Unis d'Amérique) a exposé des supports flottants en caoutchouc, pour radeaux et ponts militaires.

Chaque radeau ou ponton (fig. 16) consiste en trois cylindres de caoutchouc vulcanisé A, d'environ $0^m,50$ de diamètre et $6^m,50$ de longueur ; ceux-ci sont recouverts d'une enveloppe en forte toile à voile, et maintenus au moyen de boucles c et de traverses en bois d.

Ils sont munis à une de leurs extrémités d'un tuyau c à robinet et d'un soufflet cylindrique. Ce dernier peut se visser sur le tuyau e, ce qui permet de gonfler rapidement chaque cylindre ; huit minutes environ suffisent pour cette opération.

Le ponton, ainsi formé, est très-stable ; il présente peu de résistance au courant à raison de sa forme et de sa légèreté. Sa puissance de flottaison est considérable ; il peut supporter une charge d'environ 5000 kilogrammes.

Pour le transport, après le dégonflement, il se réduit à un faible volume. Son poids n'est que de 240 kilogrammes. Les poutrelles de pontage s'appuient sur un châssis formé de tringles a portées par les trois cylindres, et de trois traverses b. Ordinairement, les pontons sont placés à 6 ou 7 mètres d'axe en axe.

Ce système de pont a été avantageusement employé en Amérique, pendant la guerre de la sécession. La rapidité du gonflement et la sécurité seraient augmentées si chaque cylindre était partagé, au moyen de cloisons transversales, en plusieurs capacités indépendantes, munies chacune d'un tuyau et d'un soufflet.

L'Angleterre a exposé des supports flottants analogues à ceux que nous venons de décrire. Les pontons, au lieu d'être en caoutchouc, sont en toile imprégnée d'un mélange d'huile de lin et de gutta-percha, dissoute dans le sulfure de carbone. La toile, ainsi préparée, est imperméable, tout en conservant beaucoup de souplesse.

Échelles d'escalade et passerelles Masbon.

M. Masbon (France. — Classe 65) a exposé des ponts légers et des échelles d'escalade en fer ou en bois et fer. Il leur donne des formes rationnelles qui diminuent leur poids d'une manière remarquable et les rendent faciles à transporter en campagne, où elles peuvent être très-utiles pour franchir des fossés ou des petits cours d'eau, et escalader des murs de clôture.

La partie originale du système consiste dans l'emploi d'un tendeur en fil de fer t plus ou moins bandé (fig. 18), qui donne aux échelles ou aux passerelles la forme d'un arc convexe du côté du poids à supporter. Fortifiées ainsi par un tendeur qui leur donne une grande rigidité, les échelles en bois ou en fer peuvent être allégées de plus de moitié. En outre, par suite de la courbure donnée aux montants, elles glissent beaucoup moins facilement, quand on les applique contre l'obstacle à franchir.

Parmi les modèles exposés par M. Masbon, nous avons remarqué :

1° Une petite passerelle articulée (fig. 17), pouvant se replier pour le transport. Elle a 3 mètres de longueur, $0^m,50$ de largeur et ne pèse que 20 kilog. environ. Elle peut être portée facilement par un homme, car, repliée, elle n'a que $0^m,75$ de longueur, $0^m,50$ de largeur et $0^m,20$ d'épaisseur. Le tablier, en planches de sapin de $0^m,015$ d'épaisseur, est soutenu par des fers cornières et des tendeurs ; il supporte le poids de plusieurs hommes. Deux passerelles assemblées bout à bout permettent de franchir un obstacle de 6 mètres de largeur ;

2° Une échelle en bois à charnières, avec tendeur brisé, d'une longueur de 6 mètres et pesant à peine 20 kilog. Elle se replie en trois parties et peut être portée à dos par un homme, au moyen de deux bretelles. Chaque partie est analogue à l'échelle de la fig. 18 ;

3° Une échelle en fer avec articulations, de 6 mètres de longueur. (fig. 18 bis). Les montants sont en cornières inégales de $0^m,015$ sur $0^m,026$ et $0^m,003$ d'épaisseur, les barreaux sont ajustés dans des chapes à double équerre en fonte malléable, et rivés aux montants qui sont cintrés d'environ $0^m,04$ par mètre.

Les échelles articulées à tendeurs de M. Masbon, nous paraissent, comme échelles d'escalade, bien supérieures aux échelles dites russes, employées dans l'armée prussienne. Celles-ci, comme on sait, se composent de plusieurs parties de 4 mètres de longueur environ, ajustées bout à bout et consolidées aux assemblages par des ferrements. Chaque portion d'échelle est soutenue au moyen de deux tringles de fer qui reposent sur le sol, quand l'échelle est dressée, et servent d'arcs-boutants pour s'opposer à la flexion.

Ces échelles russes ne peuvent être ajustées et dressées rapidement que par des hommes très-exercés ; elles sont lourdes et incommodes pour le transport. Ce sont, au point de vue militaire, de graves inconvénients que ne présentent pas les échelles Masbon.

Baril foudroyant autrichien.

Ce baril, adopté par le Comité du génie autrichien, est employé dans les circonstances où nous nous servons d'un pétard cubique en bois, d'un sac de poudre ou du pétard en bronze de l'artillerie, c'est-à-dire, quand il s'agit de détruire des obstacles rapprochés, tels que palissades, murs non terrassés, portes de ville, etc.

Le modèle exposé consiste en un cylindre en fortes plaques d'acier, d'environ 0^m,40 de hauteur et 0^m,30 de diamètre ; une poignée, placée à la partie supérieure, permet à un homme de le transporter facilement.

La charge est de 36 kilog. de poudre ordinaire ou de 14 kilog. de poudre-coton ; elle peut être enflammée par l'électricité ou au moyen d'un cordeau porte-feu.

La force explosive de ces barils est bien supérieure à celle des engins analogues employés en France. Elle permet d'ouvrir de larges brèches dans des palissades, de renverser des murs de clôture isolés, et de percer des voûtes en maçonnerie d'un mètre d'épaisseur.

Châssis en fer pour mines.

Le colonel du génie autrichien, baron de Scholl, a exposé une galerie de mines construite au moyen de châssis en fer.

Ces châssis, de forme gothique ou ogivale, servent à construire des grands rameaux qui ont environ $0^m,80$ de large sur $1^m,20$ de hauteur. Les terres sont maintenues à la manière ordinaire, au moyen de planches de coffrage de $0^m,025$ d'épaisseur et $1^m,20$ de longueur. Les châssis se composent (fig. 19) d'une semelle en fer $a\,b$, sur laquelle sont boulonnés deux arcs d'ogive en fer à T, d'environ $0^m,05$ sur $0^m,07$. Une plaque cd, en forte tôle, relie dans le haut les deux arcs au moyen de boulons à oreilles.

Pour porter un jugement sur le système proposé par le colonel de Scholl, il serait nécessaire d'assister à la construction d'une galerie et de voir sur elle les effets d'un fourneau de mine.

Appareils de sauvetage pour les mines.

Il est quelquefois utile de pénétrer dans une galerie de mines infectée par des explosions récentes, sans attendre que l'air ait été renouvelé par la ventilation. Ce cas se présente notamment, lorsqu'il s'agit de retirer des hommes asphyxiés, ou quand on veut se rendre compte immédiatement des effets produits par une explosion.

M. le colonel d'Ebner a fait construire (exposition militaire autrichienne) un appareil destiné à cet usage. C'est une charrette mécanique portant un réservoir d'air fortement comprimé, mis en communication avec le mineur destiné à pénétrer dans la galerie infectée. Celui-ci porte sur la partie inférieure du visage un petit masque en caoutchouc qui couvre le nez et la bouche. Des élastiques et deux rubans attachés derrière la tête maintiennent en place ce masque qu'un tuyau, également en caoutchouc, fait communiquer avec l'air respirable du réservoir. La charrette est munie d'un second réservoir destiné à alimenter la lampe que porte le mineur.

M. Galibert (France. — Classe 49) a proposé, pour le même usage, son appareil respiratoire qui paraît, en effet, susceptible d'être substitué avec avantage aux appareils plongeurs et aux appareils Paulin, employés dans les mines. Ceux-ci présentent l'inconvénient grave, s'il s'agit d'aller porter secours à des asphyxiés, d'exiger un certain temps pour être revêtus; de plus, pour le travail, ils sont gênants, parce qu'ils nécessitent, soit un casque métallique, soit un masque en verre et des vêtements de cuir hermétiquement fermés.

L'appareil Galibert consiste, dans ses parties essentielles, en un réservoir plein d'air, mis en communication avec la bouche du mineur, tandis que ses narines sont fermées.

Le réservoir est un cylindre d'une centaine de litres de capacité, dont les parois sont formées d'une double épaisseur de toiles enduites intérieurement de couches de caoutchouc. Il est flexible, ne pèse qu'un kilogramme environ, se gonfle en une demi-minute et peut être porté sur le dos au moyen de deux bretelles et d'un ceinturon. Ce réservoir est mis en communication avec les poumons du porteur, au moyen de deux tubes en caoutchouc, terminés par une petite pièce en ivoire. Celle-ci, introduite dans la bouche, est retenue par une légère pression des dents. Un simple pince-nez sert à fermer les narines. Les yeux peuvent être protégés par des lunettes garnies en caoutchouc.

Le porteur de l'appareil peut respirer comme à l'air libre, car c'est sans aucun effort qu'il aspire et qu'il expire l'air fort peu comprimé du réservoir. Le même air sert sans inconvénient pendant un temps assez long, de 15 à 30 minutes, suivant les opérateurs. Ceux-ci sont, d'ailleurs, prévenus par la fréquence des respirations, qu'il est temps de songer à la retraite.

On voit qu'il n'est besoin d'aucun exercice préalable pour se servir de cet appareil, qu'il suffit de revêtir au moment du besoin. La forme et les dimensions du réservoir peuvent sembler un peu embarrassantes dans une galerie de mines ; on pourrait peut-être les modifier avec avantage et laisser au mineur la facilité de déposer à quelques pas de lui le réservoir, qui devient gênant dans certaines circonstances.

Un avantage, selon nous très-important, de l'appareil Galibert, c'est qu'il peut être revêtu à la minute et qu'il n'exige aucun organe mécanique, ni réservoir à air comprimé, ni pompe foulante. Ce point est d'autant plus important, qu'un appareil de ce genre, qui ne fonctionne que dans des circonstances exceptionnelles, doit présenter toute garantie pour être en bon état de service au moment du besoin ; c'est ce qui a fait, dans les mines, préférer jusqu'à ce jour, aux appareils plongeurs, le simple masque d'éponge imbibée d'eau de chaux.

Ventilateur rotatif de Roots.

Un grand nombre de ventilateurs à palettes et à force centrifuge ont été envoyés à l'Exposition. Plusieurs sont remarquables, et parmi eux, nous citerons le ventilateur double à réaction de M. Perrigault, de Rennes, dont le rendement peut atteindre jusqu'à 40 centièmes ; mais aucun ne présente une originalité comparable à celle du ventilateur rotatif américain, dont le rendement atteint et peut même dépasser 50 centièmes.

Le ventilateur Roots (Indiana-États-Unis) est un appareil soufflant, de la famille de ces machines rotatives américaines, dont l'apparition à l'Exposition universelle de 1867 a été remarquée à si juste titre. La fig. 20 représente une coupe faite par un plan vertical, perpendiculairement à la longueur de l'appareil. L'enveloppe EE est un cylindre horizontal, dont la base est formée par un rectangle et deux demi-cercles. Elle est munie, à la partie inférieure, d'un orifice d'aspiration A, et à la partie supérieure, d'un canal d'expiration B. Dans cette enveloppe tournent deux cylindres pleins, dont les sections C et D ont à peu près la forme d'un huit. Les axes c et d s'engrènent en arrière de l'enveloppe EE, au moyen de deux roues dentées de même diamètre C' et D', de sorte que les cylindres C et D se meuvent avec la même vitesse et en sens contraire. Dans le cas où l'appareil agit comme machine soufflante, les rotations ont lieu dans le sens indiqué par les flèches de la figure. Si l'on change le sens du mouvement, la machine devient aspirante.

Des ventilateurs de sept dimensions différentes sont en ce moment livrés au commerce; ils peuvent débiter par minute depuis 100 litres jusqu'à 350 mètres cubes d'air, suivant les vitesses de rotation et les dimensions des appareils.

Le ventilateur rotatif parait très-susceptible d'être utilisé pour les mines militaires. Il est employé depuis plusieurs années aux États-Unis dans des fonderies, des mines, etc. De nombreux certificats attestent que la force motrice qu'il nécessite n'est que la moitié ou le tiers de celle qu'exigent les meilleurs ventilateurs employés jusqu'à ce jour dans ces industries. Ce résultat peut être expliqué en remarquant que le ventilateur Roots fonctionne sans autre frottement que celui qui s'exerce sur les tourillons et les engrenages. Les cylindres C et D ne sont pas en contact et ne touchent pas l'enveloppe, mais ils sont placés assez près l'un de l'autre et des parois, pour qu'à chaque rotation tout l'air emprisonné soit refoulé dans le canal d'expiration.

L'appareil exposé au Champ-de-Mars est du modèle n° 5, par suite, un des plus puissants construits par l'inventeur; la fig. 20 le représente à l'échelle du 1/10. Il marchait à l'Exposition avec une vitesse moyenne de 240 tours par minute, correspondant à un débit de 135 à 140 mètres cubes d'air.

Pour l'usage des mines militaires, des vitesses et des débits aussi considérables ne seraient pas nécessaires. Il suffirait d'employer un des plus petits modèles (n° 1 ou n° 2) qui, muni d'un volant et d'une manivelle, serait facilement manœuvré par deux hommes.

Cordeau porte-feu à grande vitesse.

Ce cordeau porte-feu, avec l'appareil qui sert à le confectionner, a été exposé par M. le colonel d'Ebner. Il est obtenu en faisant passer un fil de laine dans de l'alcool contenant un mélange de parties égales de chlorate de potasse et de cyanoferrure de plomb. Le fil, une fois imprégné de ces substances, est enveloppé automatiquement dans un ruban, au moyen d'une machine spéciale.

On le laisse ensuite sécher complètement, on l'enduit de gutta-percha et on le munit d'une seconde enveloppe de fil goudronné.

Le cordeau porte-feu d'Ebner transmet le feu avec une vitesse très-régulière de 20 mètres par seconde, même sous l'eau ; il ressemble beaucoup à certains rubans porte-feu, employés aux États-Unis et en Angleterre.

§ IV. — APPLICATIONS MILITAIRES DE L'ÉLECTRICITÉ.

Les applications militaires de l'électricité, hier encore à peine entrevues, sont aujourd'hui, par suite de progrès successifs, d'un usage précieux en temps de guerre ; demain, elles seront peut-être des auxiliaires indispensables, aussi bien sur le champ de bataille que pour l'attaque et la défense des places. Nous examinerons rapidement quelques modèles intéressants, au point de vue militaire, des derniers perfectionnements réalisés.

Appareils électriques pour mettre le feu aux mines.

On a songé dans divers pays à employer l'électricité pour l'inflammation des mines. Les moyens de transmission du feu anciennement en usage, le saucisson, le cordeau porte-feu et autres du même genre, présentent, en effet, de nombreux inconvénients : ils se détériorent rapidement à l'humidité ; se rompent par l'effet d'explosions voisines, sans qu'il soit possible de constater s'ils sont hors d'usage ; infectent l'air des galeries de mines et exigent l'opération toujours délicate du compassement des feux, quand on veut que plusieurs explosions soient simultanées.

En France, dès 1832, et bientôt après dans tous les autres pays, on essaya l'électricité pour remplacer les anciens moyens de mettre le feu aux mines ; on n'obtint pas, dès le principe, des résultats satisfaisants, mais bientôt les procédés s'améliorèrent et ils ont atteint aujourd'hui un haut degré de perfection.

Les expositions militaires anglaise et surtout autrichienne présentent une collection fort complète d'appareils électriques. La plupart sont dus à M. le colonel du génie d'Ebner, l'organisateur de l'exposition collective du Ministère de la guerre autrichien.

Les appareils électriques, qui servent à enflammer les mines, peuvent se diviser en deux grandes catégories :

1° Les machines électriques par frottement et les machines magnéto-électriques d'induction. Ces deux espèces de machines produisent des courants électriques à forte tension ;

2° Les piles voltaïques ou hydro-électriques à courant constant, celles-ci fournissent de l'électricité dynamique à faible tension.

Dans les premiers appareils qui fournissent peu d'électricité, mais à tension limite considérable, c'est l'étincelle, en traversant une substance très-inflammable nommée amorce, qui met le feu aux fourneaux de mines.

Dans les derniers appareils qui produisent beaucoup d'électricité, mais à tension très-faible, insuffisante même pour donner lieu à une étincelle, c'est l'incandescence d'un fil très-fin de platine qui enflamme l'amorce.

En France, on a préféré jusqu'à ce jour l'emploi de l'électricité à faible tension, fournie par une pile de Bunsen ; cependant, des machines de Ruhmkorff et des pyrothèques, qui fournissent de l'électricité d'induction, sont employés dans certaines circonstances. En Autriche et en Angleterre, on a cru avantageux, au contraire, d'employer ordinairement des courants électriques à forte tension, et ce n'est qu'exceptionnellement qu'il est fait usage de piles hydro-électriques.

Chacun de ces deux systèmes a ses avantages et ses inconvénients : l'électricité dynamique à faible tension est plus avantageuse que l'électricité à forte tension, sous le rapport de la simplicité et du prix des appareils, et elle n'exige pas l'isolement des fils conducteurs, comme cette dernière ; par contre, la distance à laquelle on peut enflammer une amorce est beaucoup moindre, toutes choses égales, avec l'électricité dynamique, qu'avec l'électricité d'induction. On ne peut guère actuellement mettre le feu à plus de 150 mètres avec une pile voltaïque très-énergique ; mais cette cause d'infériorité disparaît de jour en jour par suite des perfectionnements apportés à l'énergie des piles et à la sensibilité des amorces.

Les appareils à forte tension, exposés par l'Autriche, sont de deux espèces : les machines électriques par frottement et les machines magnéto-électriques ; nous les examinerons successivement.

(a) Machines électriques à frottement (machines Ebnérites).

L'appareil exposé sous le n° 1 est une machine électrique par frottement, spécialement construite pour l'usage des mines. Il porte deux plateaux en verre à glace de 0^m,63 de diamètre, avec condensateur en verre. On ne peut s'en servir que dans une station bien abritée, et, en outre, la formation de l'étincelle est subordonnée à l'état hygrométrique et à l'état électrique de l'atmosphère ; aussi cet appareil nous paraît-il très-défectueux.

L'appareil n° 2 est une machine portative à frottement, qui peut fonctionner en pleine campagne. Il porte deux plateaux en verre à glace de 0^m,26 de diamètre, avec condensateur en verre. Il présente les mêmes inconvénients que le précédent. On a cherché à y remédier en chauffant les supports creux des coussins, au moyen de la vapeur d'eau.

L'appareil n° 3 diffère du précédent en ce que les plateaux de verre sont remplacés par des plateaux en caoutchouc durci de 0^m,32 de diamètre ; au condensateur en verre, ou bouteille de Leyde, on a substitué un condensateur en caoutchouc flexible. Cet appareil peut fonctionner, quand les circonstances atmosphériques sont peu favorables, si l'on a soin de chauffer les supports creux de ses coussins au moyen d'un courant d'eau chaude.

Les modèles qui précèdent sont employés dans les places fortes. Le modèle n° 4, plus portatif encore (fig. 20), a été adopté pour le service de campagne. Il fait actuellement partie du matériel transporté par chaque compagnie du génie. Il se compose d'une caisse contenant une petite machine à frottement et les accessoires nécessaires. La machine consiste en deux plateaux $a\,a$ en caoutchouc durci de $0^m,26$ de diamètre, au-dessous desquels est un condensateur b en caoutchouc flexible. Le tout est enfermé dans une petite boîte recouverte de toile cirée, ayant à peu près la forme et les dimensions d'un havre-sac. Deux bretelles $c\,c$ permettent à un homme de porter facilement l'appareil. Un petit trépied peut servir de support.

Les accessoires de la caisse de compagnie consistent en un rouleau muni d'un fil enduit de gutta-percha de 700 à 800 mètres de longueur, en 200 amorces électriques du système d'Ebner, et en divers outils pour l'entretien de la machine et l'établissement des conducteurs électriques.

Les avantages de ces machines sont les suivants : elles sont très-portatives ; le développement de l'électricité est dû à une action purement mécanique ; la longueur des conducteurs influe peu sur l'effet produit, et, enfin, grâce à la haute tension des courants, il est facile de mettre le feu simultanément à plusieurs fourneaux placés dans le même circuit.

Malheureusement, ces machines ne produisent leur maximum d'effet utile qu'avec des opérateurs habiles, et peuvent devenir complètement insuffisantes par suite de circonstances très-défavorables, telles que pluie battante et manque d'abri ; aussi ce système n'est admissible qu'accompagné des anciens moyens de transmettre le feu, qui permettent de parer aux accidents imprévus et aux circonstances défavorables.

Le colonel d'Ebner a adopté récemment une nouvelle disposition de la machine à frottement, qui permet de compter sur l'effet à produire dans toutes les circonstances.

Ce modèle, exposé sous le n° 5, est portatif comme le n° 4. L'électricité est produite par le frottement d'un cylindre en caoutchouc durci contre des coussins en fourrure ; le condensateur est en caoutchouc flexible. Le tout est enfermé dans un cylindre en tôle d'environ $0^m,20$ de diamètre et $0^m,40$ de longueur, qu'une bretelle permet de porter à la main. La machine, étant fermée hermétiquement, se trouve à l'abri de l'humidité et fonctionne, sans perdre de son énergie, en plein air et quel que soit le temps ; malheureusement, sa puissance est moindre que celle des modèles précédents, et ses dimensions devraient être fort augmentées pour produire des effets énergiques.

(b) Machines magnéto-électriques d'induction.

Ces machines ont été construites par le mécanicien S. Markus, de Vienne. Cinq modèles, de différentes grandeurs, ont été exposés. Les uns, analogues aux machines de Clarke, sont à mouvement rotatoire ; les autres sont à mouvement instantané. Dans ces derniers, le courant est produit instantanément par le retournement d'un électro-aimant, dont on change ainsi les pôles. Le courant unique qui prend naissance est suffisant dans les circonstances ordinaires.

Les machines d'induction présentent l'avantage, sur les machines à frottement, de ne jamais subir les influences atmosphériques et d'être très-portatives, puisque les plus petits modèles à mouvement instantané peuvent être portés dans la poche. De plus, n'exigeant que peu de soins, elles sont parfaitement appropriées aux besoins de la guerre. Il faut pourtant remarquer qu'elles sont inférieures aux machines à frottement, pour le compassement des feux et pour la tension obtenue. Aussi ne peuvent-elles être employées qu'avec des amorces électriques d'une grande sensibilité.

Sous ce rapport, les amorces électriques du colonel d'Ebner, adoptées par le corps du génie autrichien, paraissent ne rien laisser à désirer. Ces amorces sont de petites cartouches en gutta-percha, contenant le fil conducteur. Elles sont chargées avec une composition un peu conductrice et très-inflammable.

La sensibilité des amorces dépend : 1° du degré d'inflammabilité et de conductibilité de la charge ; 2° de la petitesse de la fente que le courant électrique doit traverser sous forme d'étincelle.

1° Il existe un grand nombre de compositions chimiques qui peuvent être facilement enflammées par l'étincelle électrique ; nous décrirons plus loin la fusée Abel, adoptée en Angleterre. Voici la composition de l'amorce d'Ebner, qui a obtenu la préférence en Autriche ; elle est formée d'un mélange de parties égales de sulfure d'antimoine et de chlorate de potasse, auxquels on ajoute un peu de plombagine. Si l'on n'opère que sur de petites quantités, le mélange peut être fait sans danger sur une feuille de papier glacé, avec une barbe de plume. Pour la fabrication en grand, il faut prendre beaucoup de précautions pour éviter les accidents ;

2° Des procédés simples permettent d'assurer l'invariabilité de la distance des deux fils entre lesquels jaillit l'étincelle. Des photographies exposées représentent les diverses opérations mécaniques employées à la fabrique spéciale du Comité du génie de Vienne. Il a été reconnu qu'une fabrication mécanique des amorces, faite dans un établissement unique, permet seule de garantir l'identité et la perfection des produits ; c'est une condition d'une importance capitale pour qu'on soit sûr de la réussite des explosions.

Nous avons dit que les machines Markus, à mouvement instantané, ne donnent qu'un seul courant. Suivant la puissance des appareils, ce courant suffit pour mettre le feu simultanément à six, huit et même quinze amorces disposées dans le même circuit. Les longueurs des circuits peuvent atteindre de 800 à 1000 mètres, et, par suite, dépasser de beaucoup celles qui sont ordinairement en usage dans une guerre souterraine. Les avantages que nous venons d'énumérer, ont fait préférer, en Autriche, à toutes les autres, la machine instantanée, dont le prix de revient est, d'ailleurs, très-minime.

L'exposition britanique des objets de casernement renfermait une machine de Wheatstone, du modèle adopté en Angleterre, pour mettre le feu aux mines ordinaires et aux mines sous-marines.

Cette machine, analogue à la machine de Page, décrite dans tous les cours de physique, est le plus puissant de tous les appareils employés jusqu'à présent pour produire de l'électricité d'induction. Elle est d'un usage commode, puisqu'il suffit, pour produire le courant, de faire tourner, au moyen d'une manivelle, des armatures en fer doux devant des aimants munis de bobines. Elle est préférable à la machine de Ruhmkorff qui, moins puissante qu'elle, exige de plus l'emploi d'une pile voltaïque. Enfin, la dépense d'entretien d'une machine magnéto-électrique de Wheatstone, est à peu près nulle, puisque les aimants ne s'affaiblissent que très-lentement.

Le seul inconvénient de cet appareil est son prix de revient, qui s'élève au moins à 1000 ou 1500 francs. Sa puissance est considérable : à la distance de 3 à 4 kilomètres, il permet d'enflammer une amorce Abel, et à 1500 mètres, il peut mettre le feu simultanément à 12 ou 15 amorces situées aux extrémités de conducteurs secondaires attachés en un même point du conducteur principal.

La fusée de M. Abel, de Woolwich, a été reconnue en

Angleterre comme la plus avantageuse. Les fils employés pour son conducteur sont très-fins; l'écartement des pointes est de 2 à 3 millimètres. La matière explosive, enveloppée de gutta-percha, est formée de 64 parties de sous-sulfure de cuivre, de 22 parties de chlorate de potasse et de 14 parties de sous-phosphure de cuivre. La composition est délayée dans de l'eau gommée et introduite à l'état pâteux dans l'enveloppe isolante.

La sensibilité de cette amorce est très-grande; elle paraît augmenter sous l'influence d'une action électrique continue, et pourrait parfois devenir dangereuse. Ainsi, un courant d'épreuve très-faible, qui n'enflamme pas l'amorce Abel au premier moment, peut produire ce résultat à la longue. Dans une expérience faite en Angleterre, une amorce Abel, soumise à un courant très-faible, mais continu, n'a pris feu qu'au bout de 12 heures.

Des expériences comparatives, faites sur des amorces Abel et d'Ebner, pourraient seules établir auquel des deux systèmes appartient la supériorité.

Pour terminer ce qui est relatif aux appareils de l'exposition, destinés à mettre le feu aux mines, il nous reste à parler des piles voltaïques, ou hydro-électriques à courant constant.

M. le colonel d'Ebner a exposé une remarquable modification de la pile de Smée : la lame de zinc amalgamé de cette pile est remplacée par une corbeille de porcelaine pleine de mercure, dans lequel plongent des lames minces de zinc, qui constituent l'électrode positif. Par raison d'économie, l'électrode négatif se compose d'une lame de plomb platinisé, qui remplace la lame si coûteuse de platine, couverte de noir de platine, primitivement adoptée par M. Smée, ou la lame d'argent platiné, imaginée ensuite par M. Boquillon.

Le prix d'achat de la pile Smée est considérablement diminué et les pertes de zinc et de mercure sont réduites d'une manière notable.

L'usure du zinc est si faible qu'une de ces piles, employée pour des cadrans électriques exigeant, il est vrai, peu de force motrice, marche jusqu'à dix-huit mois sans qu'on ait besoin d'y toucher. Pendant tout ce temps, l'intensité du courant ne varie pas sensiblement.

La pile d'Ebner présente l'inconvénient de fournir de l'électricité dynamique à très-faible tension, comme, du reste, toutes les piles hydro-électriques. Pour remédier à cet inconvénient, M. le professeur Thomsen a imaginé une pile de polarisation (exposition danoise), qui fournit à une grande distance de l'électricité, en petite quantité, il est vrai, mais en quantité constante et à très-haute tension. Elle pourrait être, par suite, appliquée à l'inflammation des mines à grande distance. Nous nous contenterons de rapporter le principe sur lequel est basée cette pile de polarisation, qui présente quelque analogie avec la pile à gaz de Grove.

Dans un voltamètre, pendant la décomposition de l'eau acidulée par un courant voltaïque, les lames de platine, qui servent de conducteurs au courant, se couvrent de gaz. La lame qui joue le rôle de pôle positif se couvre d'oxygène, l'autre, qui représente le pôle négatif, se couvre d'hydrogène. Si l'on fait communiquer les deux lames de platine par un fil conducteur, celui-ci est traversé par un courant très-intense, à haute tension, qui résulte de la recomposition des gaz. Ce courant diminue graduellement et cesse, quand les deux couches gazeuses ont disparu. C'est cette électricité de polarisation que M. Thomsen utilise pour construire une pile à forte tension ; il rend le courant constant, en décomposant d'une manière continue de l'eau acidulée, au moyen d'un fort couple de Bunsen. Ainsi, le courant excitateur de ce couple, qui produit beaucoup d'électricité à faible tension, est transformé en un courant de polarisation, qui fournit de l'électricité en petite quantité, mais à très-haute tension.

En comparant, au point de vue militaire, les piles voltaïques aux autres appareils électriques précédemment décrits, on voit que, jusqu'à ce jour, parmi ces derniers, l'appareil Markus, à production instantanée d'électricité, est le seul qui puisse être préféré aux piles pour les mines ordinaires. En effet, cet appareil est à l'abri des principaux inconvénients que présentent les machines d'induction, il est facile à transporter, d'un prix de revient peu élevé et toujours en état de fonctionner sans la moindre préparation. Quand on veut mettre le feu à de grandes distances, dans le cas de mines sous-marines, par exemple, les piles voltaïques ne sont plus suffisantes, il faut alors employer des machines d'induction.

Mines sous-marines ou torpilles.

Un nouvel engin de destruction, la torpille, a été employé par les Russes, en 1854, pour la défense des côtes de la Baltique et fréquemment par les Américains, pendant la guerre de la sécession, notamment à Charleston et sur le James-River. En 1859 et en 1866, devant Venise et le long des côtes de l'Adriatique, les Autrichiens ont eu recours au même engin, qui, maintenant, est à l'étude chez toutes les puissances.

Les premières torpilles ont été faites à percussion, pour éclater par le choc, au moment du passage de l'ennemi. Telles étaient les torpilles russes, pendant la guerre de Crimée, et la plupart des torpilles américaines, pendant la guerre civile. Ce genre de torpilles présente le grave inconvénient d'être aussi dangereux pour les amis que pour les ennemis. Les confédérés en firent l'expérience devant Charleston, pendant la défense du fort Wagner. Les torpilles, dont ils avaient semé les approches de ce fort, éclataient par le choc au moyen d'un percuteur analogue à celui des fusils à aiguille ; elles occasionnèrent de tels accidents aux défenseurs, que ceux-ci, à la suite de ces faits, durent renoncer à toute sortie contre les assiégeants.

L'électricité fut bien vite appliquée aux mines sous-marines, en Amérique, par le commandant Maury, des États confédérés, et en Autriche, par le colonel d'Ebner. Ce dernier a envoyé à l'Exposition deux systèmes différents de torpilles ; l'un fut employé en 1859, pour la défense de Venise, l'autre en 1866, pour la défense des côtes d'Istrie et de Dalmatie. Ces appareils, quoique reposant tous deux sur la communication de l'amorce avec une batterie électrique établie sur le rivage, présentent des différences essentielles.

L'appareil de 1859 est un cylindre en bois, flottant entre deux eaux ; il contient 224 kilog. de poudre-coton, charge qui correspond à une sphère d'action de 7 à 8 mètres de rayon. On fait sauter cette mine à volonté, en l'enflammant du rivage, au moyen de l'étincelle électrique. Il faut, pour cela, que l'observateur, chargé de communiquer le feu, connaisse le moment précis où le vaisseau ennemi est dans la sphère d'action de l'appareil. Quoique le problème puisse se résoudre d'une manière complète par un instrument spécial (le toposcope de l'archiduc Léopold d'Autriche), l'emploi de l'appareil n'est pas commode, surtout dans le cas de la défense d'une côte étendue, car il exige des observateurs très-exercés et des observatoires assez rapprochés, construits à l'avance.

Le système de 1866, très-perfectionné, est à action spontanée ; il exige un plus petit nombre d'observatoires que le précédent et l'observation elle-même se réduit à reconnaître d'avance si le navire en vue est ami ou ennemi. L'appareil consiste en un cylindre de tôle, dans lequel est un cylindre semblable plus petit, contenant 168 kilog. de poudre de chasse. La densité moyenne de l'appareil est telle qu'il puisse flotter entre deux eaux, quand il est ancré convenablement. Dès que l'observateur du rivage reconnaît un navire ennemi, il fait passer le courant dans la torpille, qui se trouve ainsi préparée. Un mécanisme, mis en mouvement par le choc même du bâtiment ennemi, détermine l'étincelle et, par suite, l'explosion. L'amorce ne se trouve dans le circuit qu'au moment du choc, de sorte qu'on n'a pas à redouter les explosions dangereuses qui peuvent se produire avec le système de 1859, par suite de l'induction de l'électricité atmosphérique.

La figure 22 représente la torpille de 1866 et son mode d'ancrage. A, sont des tampons, au nombre de neuf, placés à la partie supérieure du cylindre extérieur ; quand un navire les choque, ils font tourner d'un petit angle une roue métallique B, ce qui détermine l'entrée de l'amorce C dans le circuit formé par la mer et le conducteur isolé D. L'ancre de la torpille consiste en une calotte en fonte E qui, au moyen d'un câble F, retient entre deux eaux le cylindre aux poudres. Le câble est terminé, à sa partie supérieure, par une poulie H, de forme particulière, dans laquelle s'engage une chaîne G portée par la torpille. Ce mode d'ancrage s'oppose à l'ascension du flotteur et aux déplacements qu'occasionneraient les vagues et les courants, et il empêche qu'au moment de l'explosion la chaîne G soit brisée et l'ancre E déplacée.

Un tel système de torpilles exige un appareil électrique de force constante, prêt jour et nuit à transmettre le feu. Ce but est atteint au moyen d'une machine d'induction, consistant en une pile spéciale, munie d'une bobine. Le conducteur se compose d'un fil de cuivre revêtu de gutta-percha ; le fil de retour peut être supprimé, il est remplacé par la mer. Le circuit étant fermé, s'il se produit un choc sur les tampons, l'amorce avec le circuit de dérivation, dont elle fait partie, est introduite dans le courant principal de la pile. Il se développe alors un extra-courant doué d'une forte tension, qui détermine l'étincelle à travers l'amorce.

On sait, en effet, que toutes les fois qu'un courant est interrompu, on diminue d'intensité; toutes les fois qu'il s'établit, on augmente d'intensité, des réactions inductrices se produisent, qui tendent à superposer au courant principal des courants induits. Ces courants se manifestent avec une très-forte tension dans des fils de dérivation et ont reçu, pour cette raison, le nom d'extra-courants. L'intensité des extra-courants de la torpille d'Ebner est due surtout aux réactions inductrices des divers éléments du fil de la bobine introduite dans le courant principal. Par suite, la tension dans le circuit de dérivation contenant l'amorce, est d'autant plus forte, que la bobine réunit plus de conditions favorables à l'induction, telles que d'avoir un fil de grande longueur, de contenir un fer doux, etc.

Un appareil spécial est employé par l'observateur du rivage, pour faire parvenir un courant électrique d'épreuve à toutes les torpilles d'une même ligne de défense. Il sert à reconnaitre si l'isolement pour chaque conducteur est suffisant et à vérifier quelles sont les torpilles qui ont fait explosion. Les conducteurs de ces dernières sont immédiatement coupés, car ils affaibliraient l'énergie du courant principal, d'une manière nuisible pour les torpilles qui n'ont pas encore joué.

En résumé, la torpille d'Ebner (modèle 1866) nous paraît arrivée à un haut degré de perfection ; elle est toujours prête à agir sous un choc extérieur, quand du rivage on fait passer le courant ; elle est inoffensive, quand on interrompt le courant ; enfin, elle peut, en outre, sauter par la volonté même de l'observateur, quoique le modèle exposé ne paraisse pas avoir été construit pour cela. On suppose que, dans ce cas, l'observateur fait naître du rivage un extra-courant qui agit sur une pièce de fer doux, pour produire la rotation de la roue B, et, par suite, l'introduction de l'amorce dans le courant.

Les torpilles ne sont pas utilisées seulement comme mines sous-marines, pour la défense des ports et des côtes ; elles peuvent avoir en mer un rôle agressif et être employées à terre comme défenses accessoires. La guerre de la sécession des États-Unis d'Amérique a fourni des exemples de ces deux modes d'emploi. Bientôt peut-être, des canots-torpilles auront raison des plus puissants navires cuirassés, et des torpilles enterrées autour des places fortes viendront en aide aux mines de la défense. Devant une forteresse dépourvue d'un système permanent de galeries de mines, ce dernier emploi des torpilles paraît susceptible d'être utilisé avec avantage dans certaines circonstances.

Appareils d'éclairage pour projeter la lumière à distance.

Une place assiégée peut retirer de grands avantages d'appareils à projeter la lumière à distance. D'une part, des observateurs, munis de bonnes lunettes, peuvent alors, pendant la nuit, surveiller les mouvements de l'ennemi autour de la place et fouiller du regard le terrain des attaques. D'autre part, l'établissement des batteries et les travaux de sape deviennent d'une extrême difficulté, sous une vive lumière ; ils deviennent même complètement impossibles, comme en plein jour, dans les dernières périodes du siége. L'assiégeant serait probablement forcé, pour se garantir, d'établir un rideau de fumée, au moyen de petits bûchers disposés devant ses travaux.

Le colonel d'Ebner a exposé un apppareil d'éclairage, exécuté en 1858 par ordre du Comité du génie autrichien. C'est un grand miroir parabolique, situé au sommet d'un signal en charpente ; au foyer du miroir est placé le cylindre de chaux ou de magnésie d'une lampe Drummond, alimentée par deux réservoirs, l'un d'hydrogène, l'autre d'oxygène, dans lesquels ces gaz sont fortement comprimés. Des expériences ont prouvé que cet appareil peut, dans des circonstances atmosphériques favorables, faire distinguer, d'une manière suffisante, des travaux ennemis situées à 2000 ou 2400 mètres ; c'est à peu près la distance à laquelle s'ouvre actuellement le feu d'artillerie de l'assiégeant.

L'emploi de la lumière électrique ou de la lumière du magnésium dans des lampes munies de lentilles à échelons de Fresnel, pourrait rendre ces appareils éclairants aussi puissants que les phares. Ce perfectionnement serait d'une importance capitale, puisque les appareils doivent être installés hors de la portée de l'artillerie ennemie, c'est-à-dire au moins à 3 ou 4000 mètres du point d'attaque. On voit, par suite, que les phares militaires ne peuvent être employés que dans les grandes places, notamment dans la défense des camps retranchés. Ces phares doivent être en communication télégraphique avec l'artillerie des fronts attaqués, qui règle la direction à donner au faisceau lumineux.

Parmi les lampes électriques exposées, celle de M. Serrin paraît une des mieux appropriées aux usages militaires. Sa puissance, sa simplicité et sa solidité l'ont fait adopter pour l'éclairage des côtes de France. Elle peut s'allumer toute seule, à la volonté de l'opérateur ; pour cela, les charbons se placent d'eux-mêmes presqu'au contact et reprennent ensuite une distance convenable, qui se maintient constante, quelle que soit l'usure. Des essais, faits au point de vue militaire, ne laissent aucun doute sur les bons résultats qu'on peut attendre de l'emploi des lampes Serrin. Des tirs à la cible, exécutés de nuit aux distances ordinaires des polygones, ont donné à peu près autant de coups heureux qu'en plein jour.

Les appareils éclairants peuvent aussi être employés par l'assiégeant, pour continuer pendant la nuit son tir à démonter et empêcher les terrassements ou les réparations que l'assiégé pourrait faire. Au siége du fort Wagner, les Américains du Nord ont employé la lumière du calcium, projetée au moyen de forts miroirs, pour tenter la nuit une action de vigueur contre les parapets démantelés des confédérés. Cette tentative n'a pas réussi, comme il arrive d'ordinaire aux assauts de nuit ; mais en eût-il été autrement, que l'emploi d'appareils éclairants par l'attaque, devrait être critiqué dans cette circonstance, où il était plus profitable aux défenseurs qu'aux assaillants.

Lampes électriques pour les mines.

M. Ruhmkorff a exposé une petite lampe électrique (fig. 23), destinée à remplacer avantageusement, dans les galeries de mines, les chandelles fumeuses et les lampes ordinaires.

Elle a une grande analogie avec l'appareil connu en physique sous le nom de tubes lumineux de Gessler ; elle se compose d'un petit tube de verre plusieurs fois recourbé ou contourné en spirale, qui contient un gaz raréfié, à travers lequel on fait passer les décharges d'une machine de Ruhmkorff. La lueur est continue et varie de couleur avec la nature de la vapeur ou du gaz raréfié. Le tube lumineux est renfermé dans une éprouvette en verre double, que le mineur porte à la main ; l'étincelle se produit entre deux fils de platine a et b, qui communiquent avec les conducteurs isolés A et B d'une petite bobine, dont le courant inducteur est fourni par un couple de Bunsen. Le pouvoir éclairant de la lampe, pour être suffisant, exige l'emploi d'une bobine assez puissante, du prix de 50 fr. au moins.

La lampe électrique présente l'avantage de ne pas vicier l'air des galeries de mines et de ne pas s'éteindre, comme les lampes ordinaires, quand les gaz méphitiques sont en forte proportion. Jointe à l'appareil Galibert, décrit précédemment, elle permet au mineur de pénétrer dans une galerie de suite après une explosion, soit pour travailler, soit pour porter secours à des asphyxiés.

Télégraphie de guerre.

Le but d'une télégraphie de campagne est de mettre le quartier-général en communication continue avec les différents corps de l'armée et aussi avec le réseau des télégraphes permanents de l'État.

Dès l'année 1854, l'Autriche essayait d'appliquer la télégraphie électrique aux opérations militaires. Elle a exposé au Champ-de-Mars les appareils de campagne qui lui ont permis d'employer ce système dans ses dernières guerres. La voiture de station, tenant lieu de bureau télégraphique à l'instant où la ligne est achevée, paraît fort lourde. Elle pourrait être supprimée, puisque des appareils télégraphiques peuvent s'abriter au premier endroit venu.

La petite charrette mécanique exposée, servant à dérouler et à enrouler le fil télégraphique, remplit, au contraire, toutes les conditions voulues en campagne. Elle peut être traînée à bras d'homme et permet, en terrain

ordinaire, de construire par jour 30 kilom. de lignes télégraphiques.

La télégraphie électrique peut être aussi employée très-
avantageusement dans les places fortes et les camps retranchés, pour mettre en communication les différentes
parties de la fortification. En Autriche, on ne se sert, pour
cet usage, ni d'une ligne aérienne, ni d'une ligne souterraine, mais on se contente d'un fil enduit de gutta-percha,
qui repose tout simplement sur le sol ; l'appareil employé,
pour la transmission des dépèches, est le télégraphe magnéto-électrique du mécanicien Markus, de Vienne. Cet
appareil a été adopté par le Comité du génie, parce que,
n'exigeant pas de piles à liquides, il est très-transportable
et que, d'autre part, on peut apprendre en peu de temps
à s'en servir.

M. le colonel d'Ebner a exposé un télégraphe optique
de guerre qui, à cause de sa simplicité et de la modicité
de son prix, est employé assez fréquemment en Autriche,
soit dans les places fortes, soit à la suite des armées. Il
est analogue au système de signaux que M. le capitaine
Gallotti a proposé en France pour la transmission des
ordres, et aux télégraphes aériens, officiellement adoptés
par les armées américaines et anglaises. L'alphabet peut
être formé au moyen de trois signaux élémentaires, consistant en disques de couleur différente pendant le jour et
en lampes de verres colorés pendant la nuit. Des longues
vues sont indispensables, quand les stations sont un peu
éloignées.

On paraît avoir organisé, en Autriche, ces différents systèmes télégraphiques, dans le but de transmettre les ordres sur le champ de bataille même. Mais, en pareil cas, un accident survenu à un fil et une atmosphère défavorable, peuvent avoir des conséquences telles, qu'un général prudent ne manquera sans doute jamais de s'assurer, par des officiers montés ou des cavaliers d'ordonnance, que les ordres sont bien parvenus à destination.

CONCLUSION.

Il est à regretter que toutes les puissances étrangères n'aient pas organisé, dans l'enceinte du Champ-de-Mars, des expositions complètes, en ce qui concerne l'art de l'ingénieur militaire.

L'Autriche et l'Angleterre se sont fait remarquer par le louable empressement que, dans l'intérêt de la science, elles ont mis à faire connaître les ressources nouvelles dont leurs armées disposeront désormais.

Si plusieurs des dispositions que nous avons examinées peuvent paraître téméraires ou compliquées, et ne répondre qu'incomplètement aux exigences de la guerre, personne ne contestera, assurément, que leur étude présente de l'intérêt, ne serait-ce qu'au point de vue d'idées nouvelles à introduire chez nous.

C'est dans ce but que nous avons examiné, avec quelques détails, certaines inventions restées jusqu'à présent spéculatives. Ne voit-on pas, tous les jours, à notre époque, des idées considérées la veille comme purement théoriques, passer le lendemain dans le domaine des faits ?

Du reste, en France, où tout ce qui touche au matériel de l'armée est étudié dans un esprit éminemment pratique, il n'est pas à craindre de voir oublier que la mobilité, la solidité, la simplicité, la facilité de réparation ou de changement, sont des conditions essentielles qu'il ne faut jamais négliger pour des engins de guerre.

En résumé, l'Exposition universelle de 1867 méritait d'être étudiée avec la plus sérieuse attention, en ce qui concerne l'art de l'ingénieur militaire, cette étude ne devrait-elle avoir pour résultat que de bien faire connaître chez nous des progrès aussi remarquables, à divers titres, que les coupoles tournantes de place, les torpilles du système d'Ebner, et les appareils électro-magnétiques à production instantanée d'électricité.

Novembre 1867.

SAINT-NICOLAS (MEURTHE). — IMPRIMERIE DE P. TRENEL.